SONSUZ OYUNLAŞTIRMA

Sonsuza Kadar Ekibini Motive Etmek!

Toby Beresford

Çeviri

Ayşe İrem Yıldız-Gülşen Yıldırım
Gamfed Türkiye Oyunlaştırma Gönüllüleri

İş ve Yönetim Serisi

İş ve Yönetim Serisi

Sonsuz Oyunlaştırma©

Toby Beresford

Genel Koordinatör: Akif Aktuğ
Yayıma Hazırlayan: İpek Arman
Kapak Tasarım: Toby Beresford
Mizanpaj: Sercan Bolat
Çevirmenler: Ayşe İrem Yıldız-Gülşen Yıldırım
Elma Ekibi: Ahmet Seyfi Atmaca, Bahar Güzel, Ceyda Kocatürk, Çiğdem Karaca, Demet Uyar, Gamze Aras Azapoğlu, Gülderen Çopur, Hüseyin Yılmaz, Merve Çalışkan, Serdar Tosun, Sevim Yaylagül, Songül Düzgün, Vildan Barış Örkmez, Yılmaz Çetin Sayın, Zeynep Şule Duru

1. Basım Şubat 2021 (2000 adet)

ISBN: 978-625-7112-21-5

Elma Yayınevi
Aziziye Mah. Portakal Çiçeği Sok.
No: 37/7 Çankaya/Ankara
Tel: 0312 417 72 73
bilgi@elmayayinevi.com
Yayıncı Sertifika No: 45776

Basımevi: Ayrıntı Basımevi
İvedik Organize Sanayi Bölgesi 28. Cad. 2284 Sok. No: 105/A
Ostim Yenimahalle/Ankara
Matbaa Sertifika No: 49599

KÜTÜPHANE BİLGİ KARTI

Beresford, Toby
Sonsuz oyunlaştırma / Toby Beresford ; çeviri: Ayşe İrem Yıldız ve Gülşen Yıldırım; editör: İpek Arman.—Ankara : Elma Yayınevi, 2021.
68 s. ; 21 cm.—(İş ve Yönetim Serisi)
Kaynakça ve dizin yok.
ISBN 978-625-7112-21-5
1. Oyunlaştırma, iş yerinde 2. Çalışan motivasyonu 3. Oyunlaştırma teknikleri 4.Başarı, iş yaşamında I. Yıldız, Ayşe İrem II. Yıldırım, Gülşen III. Arman, İpek III. Eser adı

MLA

Beresford, Toby. *Sonsuz oyunlaştırma*. Çev. Ayşe İrem Yıldız ve Gülşen Yıldırım, Ed. İpek Arman. Ankara: Elma Yayınevi, 2021.

Teşekkür

Ben bu kitabı tek başıma yazarken en iyi hale gelmesi için katkıda bulunan, Richard Beresford, Sophia Pope, Jonathan Peters, Monica Cornetti, Yu-kai Chou, Nicolas Babin, Anthony Beresford, Nick Shah, John Conaghan, Pete Jenkins, Alexandre Dutarte, Rob Alvarez, Bruno Ribeiro ve Timlynn Babitsky'ye teşekkür ederim.

Son olarak; inancı, sabrı ve hem Rise'a hem de bu kitaba harcanan saatlere verdiği destek için kalbimin derinliklerinden eşim Amber'e özellikle teşekkür ederim.

Bu kitap ona ve üç harika çocuğumuza adanmıştır.

İÇİNDEKİLER

ÖNSÖZ

Oyunlaştırma üzerine yapılan çoğu eğitimler veya yazılan kitaplar büyük resme odaklanmaya eğilimlidir. Ya yüzeysel derecede konseptlerin tanıtılması ya da oyunlaştırma sürecine dair olabildiğince çok yaklaşımın sunulması gibi.

Sonsuz Oyunlaştırma'da, Toby Beresford oyunlaştırmadaki belirli deneyimlere odaklanıp bu deneyimleri en üst seviyeye çıkaracak pratik teknikler öneriyor.

Oyunlaştırma camiasında birçoğumuzun birer başlangıç, orta ve sondan oluşan "sonlu oyunlaştırma" programlarına odaklanma eğilimi vardır. Ancak Beresford, sonsuz oyunlaştırmanın, işyerlerinde olduğu gibi, zaman doğrultusunda sürekli gelişmenin beklendiği durumlarda etkili olduğunu belirtiyor. Örneğin, bir eğitimi tamamlayıp işe geri dönmek yerine, sonsuz oyunlaştırma teşebbüsleri oyuncuları; haftalarca, aylarca, hatta yıllarca her gün motive ederek performansı kalıcı yollarla iyileştirmeye çalışır.

Beresford'un aslen incelediği mekanik (teknik) puanlamadır (scoring). Puanlamanın, motivasyonu hangi sebeplerle ve nasıl sağladığını okurlarıyla paylaşıyor. Puanlamada kullanabileceğimiz farklı metotların yanı sıra oyuncuları bağlamak için kullanabileceğimiz farklı metrikler de öneriyor. Devamında ise sonsuz oyunlaştırmada karşılaşabileceğimiz aksi durumlara karşı pratik tavsiyelerde bulunuyor. Son olarak, tabi benim için en aydınlatıcı olan kısım; Beresford, oyuncuların oyunlaştırılmış programa karşı farklı tutumları ve program içerisinde farklı bağlılıkları olmasını sağlayan "Maturity Model"ini sunuyor.

Her ne kadar temel oyunlaştırma bilgisine ihtiyaç olsa da oyunlaştırmaya yeni başlayanlar dahi bu kitabı yararlı bulacaktır. Fakat oyunlaştırma uygulayıcıları ve üst düzey liderler bu kitabı hem uygulanabilir hem de aydınlatıcı bulacaktır.

Jonathan Peters,* PhD
CMO, Sententia, Inc.

---

* Deliberate Fun: A Purposeful Application of Game Mechanics to Learning Experiences, kitabının yazarı.

Ercan Altuğ Yılmaz ile Türkçe Baskı İçin Önsöz

Ünlü yönetim danışmanı Jay R. Galbraith, "Birçok şirket yarının stratejilerine, dünün insan ve ödüllendirme sistemine sahiptir" demiş. İlk duyduğumda "Ne kadar doğru bir söz" demiştim bir konferansta ve şansıma, sunum da oyunlaştırma üzerine çıkmıştı. Ben de güzel ülkemizde, yıllardır hem şahsen müşterisi olduğum hem de yöneticilerinin vizyoner sunumlarını keyifle izlediğim birçok kurumda, oyunlaştırma projeleri için çalışan deneyimlerini gördüğümde çok büyük hüsranlar yaşadım. "Reklamlarında süper teknolojilerden bahseden kurumlar, çalışanına böyle bir deneyimi nasıl uygun görür" dedim.

İşte bu yüzden de ülkemizde aslında çalışan deneyiminde oyunlaştırma projelerinin çoğu sürdürülebilir olamamakta. Birçoğu da zaten kaçırılmış olan "dijitalleşme" ya da daha merak uyandıran adıyla "dijital dönüşüm" trenini oyunlaştırma platformlarıyla yakalayarak bir taşla iki kuş vurmaya çalışıyorlar. Excel'de tutulan scorecard'lar, WhatsApp üzerinden verilen satış rakamları ve duyuruları, iyi niyetli ama çoğu ceza gibi olan sürpriz ödülleri ile Türk yöneticileri de bu oyunlaştırma treninde kendine yer bakınanlardan.

Her ülkenin kendine has oyunlaştırmayı içselleştirme ve uygulama yolculuğu var. Bizim ülkemizde 2010'lu yıllardaki ilk popülerleşme zamanında puan, rozet, liderlik tablolu standart kurgularla olan furyayı 2015'lerde yakaladık. Şimdilerde ise daha çok deneyim tasarımı ve kullanıcı araştırmalarıyla destekli oyunlaştırmalarda birçok uygulama popülerleşiyor. Hiç unutmam, bir bankanın oldukça kalabalık yönetim kurulu toplantısına, bir kurumla oyunlaştırma sunumu yapmıştık. Sunumun sonunda kurumun CEO'su "Biz başlayalım istiyoruz; 'İş hedefleri' demiştiniz, peki satış sistemi ile mi başlamalıyız yoksa dediğiniz gibi daha iş hedeflerini destekleyecek öneri verme, teşekkür etme, bilgi yarışması gibi konularla mı?" demişti. Ben de "Sizce hangisi daha zayıf? Oradan başlayalım" demiştim.

"Oyunlaştırmaya organizasyonda nereden başlamalı" sorusunun herkes için tek bir doğru cevabı yok. Satış prim sisteminizin zayıf yönlerinden-satılamayan stok ürünlerinden ya da satış sisteminiz iyiyse onun üstüne puan ekleyecek öneri verme, bilgisini gösterme, teşekkür alma gibi insan odaklı süreçlerden başlayabilirsiniz. O kurum, tüm bankaya iş hedefi yerine bilgi yarışmasıyla başladı ve halen kurum kültüründe oyunlaştırmayı oturtmaya çalışıyorlar. Aynı zamanda oyunlaştırma projesine çok büyük bir yatırım yaptı ve birçok global ödül aldı, ancak oyunlaştırma projesi demek yerine motivasyon projesi olarak adlandırmayı uygun gördü çünkü "Müşterilerimiz bankada 'oyunlaştırma' ile oyun oynattığımızı düşünmesinler" demişti.

Sevgili Toby, Türkiye'de oyunlaştırmaya gönül vermiş insanların bir araya gelerek oluşturduğu Gamfed'in kurucularından. 2020 pandemi döneminde yayımlanan kitabını bir akşamda okumuş ve birçok sayfasında "Bak bu, bir tek bizim başımıza gelmemiş" demiştim. 5 yılda 3 tane oyunlaştırma kitabı yazmış olan birisi olarak kendisine, "Kitabını çok beğendim. Birçok yöneticinin gelecekte kurumlarında bazı şeyleri hiyerarşiyle değil de gönüllülükle, eğlenceyle ve içsel ödüllerle nasıl yapacaklarını öğretecek bir başucu kaynağı olmuş" diye belirtmiştim. Şirket içinde kurulacak oyunların kurgusu, liderlik sıralamalarının türleri, oyuna geç katılanların ilerletilmesi, satış ve bilgi gibi puan çeşitlerinin hesaplanması, level-seviye mantığının kolaydan zora gitme matematiği gibi birçok deneyimini açıkça paylaşıyordu.

Kendisine, "Kitabı Türkiye'de yayımlasak, Türkçeye çevirsek" dediğimde çok sıcak baktı ve böylece elinizde tuttuğunuz, belki de işyerinde oyunu sonsuza kadar değiştireceğiniz bu kitabı hazırladık.

Kitabın, "oyunlaştırmanın" Türkiye'deki yolculuğuna çok büyük katkılar yapacağına eminim ve kendi adıma da oyun arkadaşlığı için Toby'ye teşekkür ediyorum.

Oyun Teorisyeni Brian Sutton "Oyun oynamanın tersi ciddiyet değil, depresyondur" der.

Oyun oynadıkça depresyondan uzaklaşır, özümüz olur, üretken ve mutlu oluruz.

İşyerlerimizde ne kadar da ciddiyiz, sizce bu oyunu bozma zamanı gelmedi mi?

Oyunla kalın.

Ercan Altuğ Yılmaz, Ocak 2021

Giriş

2011 yılında oyunlaştırma (gamification) kelimesi altın dönemini yaşıyordu ve Oxford İngilizce sözlüğünün "yılın kelimesi" listesine aday olmuştu.

O zamandan beri, birçok kurum yöneticisinin genel olarak anladıklarını düşündükleri ancak sıklıkla karmaşık ve oyuncularının gerçek motivasyonel hedeflerini bulamayan projeler yaptıkları, trend kavramlardan biri haline geldi. Tabi ki bu da birçok oyunlaştırma projesinin uzun vadeli başarısızlık ile sonuçlanmasına neden oldu.

Sonlu ve Sonsuz Oyunlaştırma

Oyunlaştırma, sonlu ve sonsuz olmak üzere ikiye ayrılabilir.

Sonlu bir oyunlaştırma programında bir sonda, örnek olarak efsanevi bir zafer (epic win), üst seviyelere çıkmak veya bütün bir rozet koleksiyonunu tamamlamak gibi büyük hedefler mevcuttur.

Sonsuz bir oyunlaştırma programı ise sonsuza dek devam edecek şekilde tasarlanır. Bir son, ulaşılacak bir final seviyesi, efsanevi bir zafer (epic win) yoktur. Sadece süregelen, daima ileri doğru giden veya bitmeyen bir rekabet vardır.

Çoğu oyunlaştırma programı bir tür eğitim hedefiyle yönlendirilir ve bu nedenle genellikle sonlu oyunlaştırma modeline uyar. Öğrencilerin son engeli aşması için gerekli olan ustalığa ulaşmasının bir sonu vardır.

Ancak, gerçek hayattaki ustalığı sadece eğitim sürecini tamamladığınız için edinmezsiniz. Becerileri günlük yaşamınıza adapte etmeniz ve adapte ettiğinizde de bunları iyi bir şekilde yerine getirmeniz gerekir.

Adaptasyon ve performans, sonsuz oyunlaştırma programının en fazla önem kazandığı aşamalardır.

Ekipleri ve bireyleri sürekli gelişmeye motive eden sürdürülebilir bir program sonsuz oyunlaştırmanın hedefidir.

Sonsuz Oyunlaştırma Örnekleri

Bunun, oyunlaştırmanın muğlak bir versiyonu olduğunu düşünebilirsiniz. Fakat aslına bakarsak modern yaşam, sonsuz oyunlaştırma örnekleriyle doludur. Başarılı oyunlaştırma sistemlerinden bazıları da tasarım açısından sonsuzdur.

Sonsuz oyunlaştırmaya verilebilecek iyi örnekler şunlar olabilir:

- **Oscar Ödülü,** statü yılda bir kez belirli seçmenlerin oylarına göre ödüllendirilir.
- *TIME Magazine* **Yılın Kişisi,** statü medya kapsamına göre ödüllendirilir.
- **İngiltere Premier Ligi (veya ülkenizin en sevdiği spor ligini düşünebilirsiniz),** bir sezon boyunca oynanan oyunların sonuçlarına bağlıdır.
- **Şeffaflık Endeksi,** ülkeler, "Uluslararası Şeffaflık Kurumu" listesinin alt sıralarında kalmaktan utanç duymamak için yarışırlar.
- **UNDP İnsani Gelişme Endeksleri**, ülkeler, vatandaşlarına bütünsel bir bakım standardı sağlamak için yarışırlar.

Aslında, çoğu işletmede sonsuz oyunlaştırma örnekleri bulabilirsiniz:

- Ayın elemanı
- Üç aylık satış lider tablosu

Çevrimiçi topluluklar da şu şekilde harekete geçer:

- StackOverflow Puanı

Ve son fakat aynı derecede önemli olarak, bir sonlanma işareti göstermeyen sadakat programları vardır:

- Hava milleri

Sonsuz oyunlaştırma programları son derece güçlü olabilir. Yöneticiler, takımlar ve oyuncular için değer yaratabilir. Tüm sektörü, etrafındaki ilişkili bir ekosistemle ortaya çıkarabilir.

Bilet satışları, TV sponsorluğu, oyuncu maaşları vb. hesaba katıldığında, İngiltere Premier Ligi yılda yaklaşık 2,5 milyar euro değerindedir. Bir oyunlaştırma tasarımı için hiç de kötü bir rakam değildir!

Bu Kitap Kimlere Hitap Ediyor?

Bu kitap, etrafındaki kişilerin davranışlarını etkilemek isteyen liderler ve yöneticiler içindir.

Örnek:

- Ekibinde daha iyi satış sonuçları arayan bir **satış yöneticisi**
- Personelin yeni süreçler kullandığını görmek isteyen bir **değişim yöneticisi**
- Bilişim Teknolojileri sistemini yeterli derecede kullanamayan **bir operasyon yöneticisi ile saha mühendisleri**
- Katılımcının dikkatini önemli metriklere odaklamak isteyen **bir diyet ve egzersiz koçu**
- Organizasyonları sürdürülebilir tedarik politikaları devreye sokmaları konusunda etkilemek isteyen **bir yardım kuruluşu lideri**
- Müşterilerin belirli bir ürün veya hizmeti kullanmalarındaki başarıyı izlemelerini sağlayan **bir pazarlamacı**
- Topluluktaki en sadık üyelerini açıkca tanıyabilecek geribildirim sistemlerini tasarlayan **bir topluluk yöneticisi**

Programınızın küçük veya büyük ölçekli olması; tek başına olması ya da daha büyük bir programa yerleştirilmesi; resmi ya da resmi olmaması veya etkilediğiniz kişilerin bireyler, bölümler, kuruluşlar hatta tüm ülkeler olup olmaması önemli değildir.

Sonsuz oyunlaştırma sizi yeni ve güçlü bir etki aracıyla donatır.

Neden Oyunlaştırmalı?

İster iş arkadaşlarınızı fikirlerinizle etkiliyor ister astlarınız olan ekibinizi yönlendiriyor olun, liderlik genellikle bir tür sonsuz oyun programı içerir.

Bir bakıma, liderler diğerlerinde görmek istedikleri davranışı yönlendirirler. "Başarılı veya başarılı değil" (binary sistem) kadar basit olabilir veya dereceli başarı düzeyleriyle (iyi yapmak veya iyi yapmamak gibi) çok daha karmaşık olabilir.

Buna karşılık, hepimiz davranışlarımızı bize verilen puana göre ayarlamaya şartlanmışızdır. Örgün eğitim, her birimize genç yaştan itibaren, puanlara dikkat etmemizi söyler. Hepimiz puanımıza aşırı duyarlıyızdır.

Açık bir puan sunmasanız bile, çalışanlarınız kendilerine bir tane puan icat edip etkinliklerini buna yönlendirdikleri için bu şartlanma liderlere bir sorun oluşturacaktır!

Her organizasyon şartları, farklı hedefleri ve mevcut öncelikleri ile benzersiz olduğu gibi her liderin vurguladığı puanın da farklı olacağını hatırlamak önemlidir.

Örnek:

Tamamen yeni bir ürün satan satış yöneticisi-ana etkinlik metriği: Yeni potansiyel müşterilere yapılan çağrılar

Eski bir ürün satan satış yöneticisi-ana etkinlik metriği: Önceki müşterilere ve eski potansiyel müşterilere giden çağrılar

Sonsuz oyunlaştırma tasarımında, herkese uyan tek bir "doğru" cevap yoktur. Her konsept benzersizdir; her takım farklı bir geliştirme aşamasında olabilir ve hedefler de işletmelere göre büyük oranda değişebilir. Hatta aynı işletmedeki ekipler arasında büyük farklılıklar olabilir.

Her Şey Bir Puan ile Başlar

Çoğu sonsuz oyunlaştırma programı bir puana dayanmaktadır.

Puanlar, kendimize anlattığımız en önemli hikâyelerin merkezinde yer alır.

İster kişisel ister kurumsal olsun, her düzeyde başarımızı izlemek için onları kullanırız.

Örneğin:

- Bu hafta spor salonunda kaç saat kaldım?
- Diyetim işe yarıyor mu?
- Ekibimiz geçen ay verimliliğini artırdı mı?

Nihai hedefimize ulaşmak için gereken süreç, tek bir adım ya da bir dizi adımdan oluşuyor olsa da ilerlememizi değerlendirmek için genellikle bir tür puan kullanırız:

- Facebook paylaşımı için 47 beğeni
- Satış hedefinin %57'sinin ulaşılmış olarak görüntülenebilmesi

Puanlar, her zaman sayı şeklinde değildir. Birçok şekilde olabilir.

Örneğin:

- Hız sınırının üstünde sürmek
- Bir sahne performansından sonraki alkışların şiddeti ve hatta ayakta alkışlanma

Ancak bunlar; bizim, ekibimizin, kurumumuzun ya da ülkemizin performansının ölçülebilir puanlarını gösterir.

En iyi puanlar kişisel sorgulama yapmanızı sağlayanlardır: "Bu hafta geçen haftadan daha iyisini yaptım mı?" Bunların en kötüleri ise demotive edenlerdir: "Bu konuda asla onlar kadar iyi olamayacağım."

Bilinçli ya da değil, hepimiz bizim için önemli olan puanların takibini yapıyoruz, kendi puan tablomuzu yönetiyoruz. Yaşımız, kilomuz, paramız ve daha birçoğu...

Bu puan tabloları, seri bir zihinsel kontrol gibi görünebilir. "Bu konuda iyi miyim?" veya daha planlanmış bir yaklaşımla (örneğin bir cep telefonundaki gösterge tablosu): "Hedeflerime nasıl ilerliyorum?"

Eğer topluluğunuza bir puan göstermezseniz, muhtemelen kendilerinin bir tane icat edeceklerini hatırlamak liderler için önemlidir. Kaçımız, başarının fazla mesai miktarıyla ölçüldüğü ofislerde çalışmadık ki?

Puanlar Her Yerde

Sunulan bu puanlar genellikle karşılaştırmayı kolaylaştıracak şekilde görüntülenir. Örneğin, bizi önceki haftalarla karşılaştıran analiz tabloları (zaman içinde takipçi artışı vb.) veya diğerlerine göre nasıl yaptığımızı gösteren tablolar (en çok görüntülenen 10 yazar vb.).

Sonsuz Oyunlaştırma Her Yerde

Ancak sunulan bu puanlar, ortalıkta değillerdir. Bir yerlerde birileri bizim kullandığımız puanları tasarlar. Doğal olarak bu da puanların, iyi ya da kötü tasarlanmış olabileceği anlamına gelir.

İyi tasarlanmış bir puan başarılı olmanızı sağlar.

Kötü tasarlanmış bir puan, ilgisizlik, hile veya diğer yanlış davranışlar gibi olumsuz davranışlara yönlendirir.

Bazen, kötü tasarlanmış puanlar olumsuzluklar yaratabilir.

Örneğin:

- Daha fazla sosyal medya "beğeni"si almak için ölüm riskini göze alarak çatılarda özçekim yapan gözü pek kişiler.
- 2016 yılında 2 milyon sahte hesap oluşturarak satış hedeflerini tutturmaya çalıştığı için işini kaybeden 5.600 Wells Fargo çalışanı.

Yani, kötü tasarlanmış bir sonsuz oyunlaştırma programı sizi öldürebildiği veya işinizi kaybettirebildiği için puanların iyi tasarlanmasına zaman ayırmak çok önemlidir.

Dijital dünyanın yükselişiyle birlikte, artık puanlarla her zamankinden daha fazla karşılaşıyoruz. Kaç takipçim var, şu gönderiye kaç beğeni aldım, bu ayki görüntülemeler ne kadar gibi...

Kitabın Yapısı

Kitap, yeni bir oyunlaştırma tasarımındaki adımlar gibi, her biri ilerleyen bölümlerde özetlenen üç ana aşamadan meydana gelir:

- Analiz
- Tasarım
- Gelişim

Bu kitabı kendi yolculuğunuzda el kitabı olarak kullanmanızı tavsiye ederim. Kendi tasarım düşüncelerinizi test etmek için modelleri ve kontrol listelerini kullanın.

ANALİZ

Analiz aşamasında yeni bir oyunlaştırma programının gereksinimlerini açıklığa kavuşturuyoruz ve hedef oyuncularımız için halihazırda mevcut olan sonsuz oyunlaştırma programlarını, puan tablolarını ve ligleri tanımlıyoruz.

Ana Yönerge

Çoğu sonsuz oyunlaştırma programı bir varoluş sebebi ile ortaya çıkar. Ve buna "Ana Yönerge" denir.

Bir sonsuz oyunlaştırma programı, bu ana yönergeye ulaşabilmek için ortaya çıkar. Ana yönergenin tanımı bir cümleyi aşmamalıdır.

"Bu programın ana yönergesi…"

- Kilo kaybetme hedefine ulaşmada sana yardımcı olmaktır (Weight Watchers).
- Bir ülkenin gelişimini değerlendirirken yalnızca ekonomik büyümeyi değil, insanların ve kapasitelerinin nihai kriter olması gerektiğini vurgulamaktır (Human Development Index).
- Sağlıklı bir rekabet ile birbirini yüreklendirerek yüksek performanslı satış artışı sağlamaktır (A Sales Scorecard).
- Sosyal medyanın etkisini ölçmektir (Score).

Şunu da unutmamak gerekir ki ana yönergeye genellikle programa ödeme yapan kişi veya kişiler tarafından karar verilmelidir. Böylelikle puanlanan şey tamamlanmış demektir.

Veri Sağlama

Puanlar ham veri akışı üzerinden beslenir. Veri toplamak zordur ve genellikle de içinden çıkılması güç bir iştir!

Hangi ham veriler hangi formatta sizin için uygundur? Veri toplama otomatik hale getirilebilir mi?

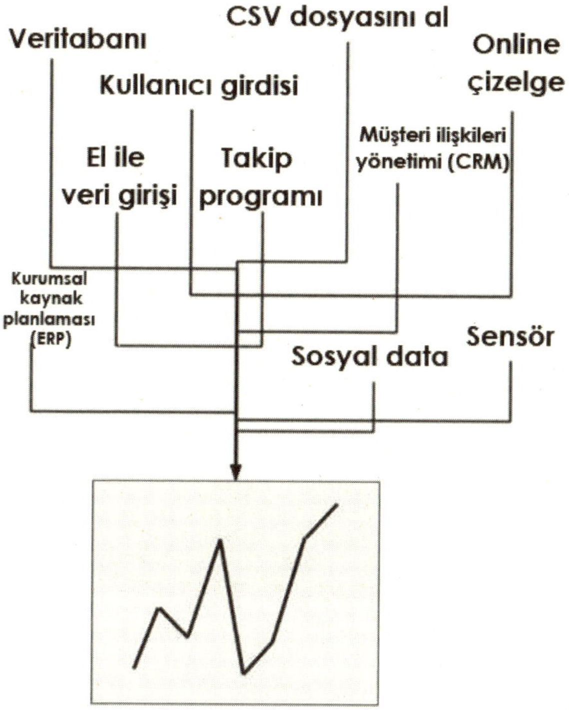

Örnek:

Bir elektrik şebekesi yönetim şirketinde saha mühendisinin puanı.

Ana yönerge: İş verilerini girmek için yeni tabletlerin kullanımını geliştirmek.

Mevcut veri kaynakları:

ERP (Kurumsal Kaynak Planlama) sistemleri, verilerin tablolar üzerinden dışa aktarılmasına olanak tanır. Bu tablolar, gereken puanlama metrikleri için ayarlanmalıdır.

Gerekli puanlama metrikleri:

- İş ataması nedeniyle yeni işyerine seyahat süresi

- İşin başlamasından bitişine kadar olan süre
- Başarı ile tamamlanan işlerin sayısı
- Ertelenen veya başka bir takıma paslanan işlerin sayısı

Veri yolculuğu:

Bu örnekte veriler, sahadan ERP'ye (tablet arayüzü aracılığıyla) aktarılır ve daha sonra saha mühendislerine tekrardan kişisel analiz puanı olarak görüntülenir.

Yararları:

Saha mühendisi verinin yanlış girildiğini görebilir (Örnek: Yalnızca bir saat süren ancak sistemde tamamlanmamış olarak görünen işler).

Yönetim hedefleri (Örnek: İş ataması ile işyerine varış arasında geçen süre kısaltılır. Diğer bir deyişle "çayınızı bırakıp hemen ayrılmak") saha mühendisleri için daha görünür hale getirilir.

Sonsuz oyunlaştırma tasarımı, daha fazla dışsal çıkara veya ödüle ihtiyaç kalınmaması demektir, program süresiz olarak devam edebilir hale gelir.

Puan İçeriği

Puanlar ve sonsuz oyunlaştırma programları zaten her yerde kullanıldığı için silbaştan inşa ettiğiniz bir şey değildir. Bu yüzden puan olayını eski köye yeni âdet getiriyormuş gibi düşünmeyin.

Puan içeriğini anlamak demek, planladığınız programın, kitlenizin zaten sahip olduğu alternatif puanlar bakımından nasıl konumlandığını sormak demektir.

Ekibimizdeki yazılım geliştiricilerine bir puan vermek istediğimizi düşünelim. İlk olarak, zaten izledikleri puanları gözden geçirmemiz gerekiyor. Örneğin, Reddit Karma puanları gibi geniş kitlelere açık ve resmi olmayan veya StackOverflow portalındaki skorlar gibi daha kısıtlı ve kişiye özelleştirilmiş puanlara sahip olabilirler.

Resmi puanlar bir sonraki önem düzeyindedir çünkü genellikle daha geniş fayda veya sorumluluklara bağlıdır. Bunlar arasında maaş, kıdem ve diğer personel ile paylaşılan diğer yaygın ölçütler vardır.

Kısıtlı resmi puanlar: (Eğer varsa) En kritik olanıdır çünkü bunlar kendi özel performansımızın resmi bir ölçüsüdür. Bu bir dahili şirket yazılımcısı için erişilen hedef test (sprint) görevlerinin yüzdesi olabilirken sözleşme geliştiricileri içinse her hafta çalıştıkları saat sayısı olabilir.

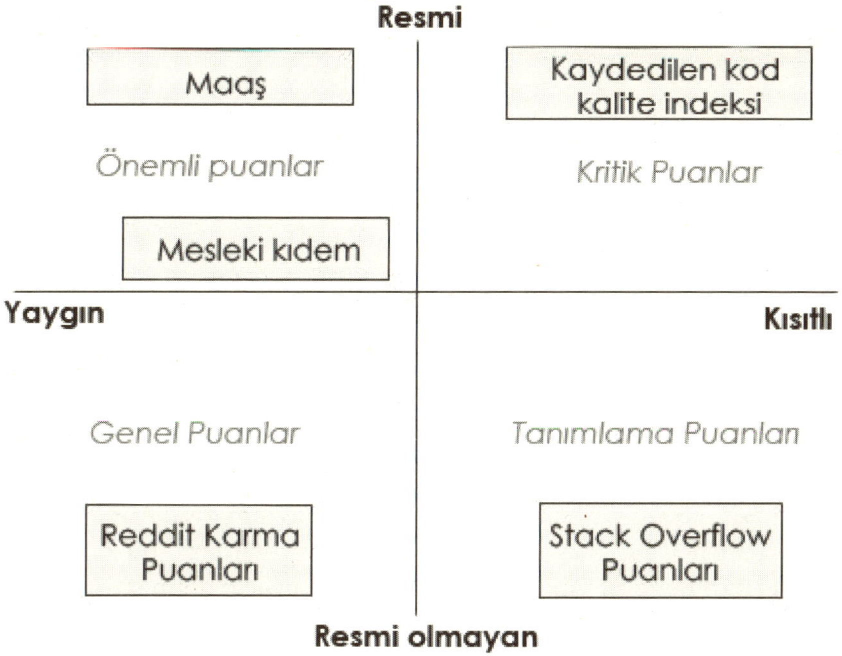

Paydaş Analizi

Topluluğun her bir bölümünün puanlamadan beklentisi nedir?

Dairesel bir şema ile hem programdan etkilenecek topluluğu haritalamak hem de topluluğun kendine has ihtiyaçları üzerinden düşünmek için harika bir yoldur.

Bu örnekte paydaşları basit bir satış liderlik tablosunun içine yerleştirdik:

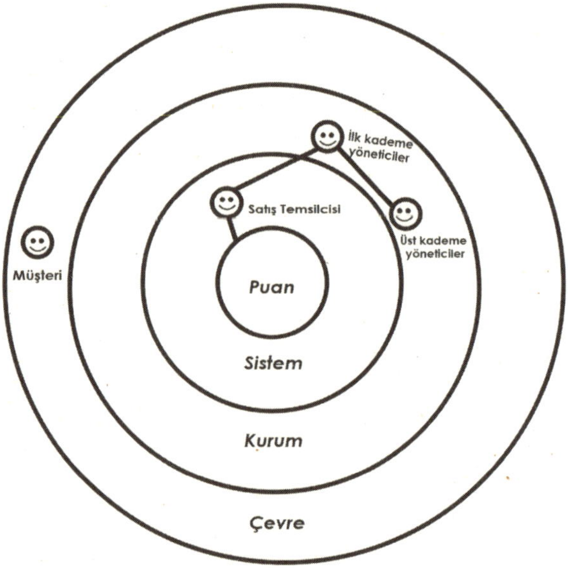

Burada, sonsuz oyunlaştırma programının tam merkezine satış temsilcisine "**kişisel bir puan**" olarak verilen "**bu hafta ulaşılan hedefin yüzdesi gibi**" bir puan örneği gelmektedir.

İlk kademe yönetici, işin organizasyon düzeyiyle daha ilgili olacaktır (takımındaki her temsilcinin ulaştığı hedef yüzdesini liderlik tablosunda görebilmek gibi).

Üst düzey bir yönetici ise sadece "**ulaşılan hedefin toplamını**" görmeyi isteyebilir. Yani tek bir sayı onlar için yeterlidir.

Nihai olarak organizasyonun dışında bu liderlik tablosundan etkilenen müşteri yer alır ve müşteriler kesinlikle hedefini tutturmaya çalışan satış temsilcileri tarafından günde iki kez aranmaktan hazzetmezler.

Sonsuz Oyuncu Tipleri

Program tasarımında, puan tablosu yayımlarken oyuncular açısından taşıdığınız rolü hesaba katmakta fayda var.

Oyuncularınız için 5 olası rol:

Yönetici, örgütsel çıktıları gözetir.

Koç, kullanıcı çıktılarını gözetir.

Eleştirmen, izleyicilerin katılımını gözetir.

Hakem, eşit bir oyun alanı sağlar.

Oyuncu Koçu, başkalarının da kendi kendilerini izlemesini sağlar.

Sonsuz oyunlaştırman olarak bu rollerden birini seçip program boyunca ona bağlı kalmanız gerekmektedir.

Örnekler:

Yönetici: Bir elektrik şebekesi şirketinde yeni yazılım sisteminin kullanımı için saha mühendisi puanını bildiren bir operasyon yöneticisi veya yüksek çağrı sayısı ile satış gelirlerini artırmayı hedefleyen bir satış yöneticisi.

Koç: Dijital satış girdilerini izleyerek başlıca araç ve faaliyetlerin benimsenmesini sağlayan bir iç satış eğitmeni (Örneğin: Tekrarlanan sayfa ziyaretleri, sosyal medya gönderileri ve yorumları).

Eleştirmen: Öğrenci memnuniyeti, mezunların iş beklentileri ve araştırma sonuçlarına göre üniversite lig tablolarını yayımlayan blog yazarı (Örneğin: Dergilerde yıl içinde yayımlanan makale sayısı).

Hakem: Genel kazananlı Crossfit Box ligini yürüten tarafsız bir eğitmen.

Oyuncu hakemi: WhatsApp grubundaki bir kilo verme programı aracılığıyla her hafta kaybedilen kilo sayısını tüm katılımcılar için haftalık bir ağırlık ölçümü ile takip eden katılımcı ve organizatör.

Oyuncu İhtiyaç Analizi

Ligi ve puanlamayı günden güne takip edenler oyuncular olacağından oyuncularınızın programda neye ihtiyacı olduğunu anlamak çok önemlidir. Oyuncularınızın puan neticesinde davranışlarını değiştirmeleri beklenecek, eğer bu işe yaramazsa davranış da değişmeyecektir.

Oyuncu ihtiyaç analizi bitmeyen bir olaydır. Neyin işe yaradığını veya yaramadığını anlamak için sürekli kontrol etmek gerekir.

Hizmetinizdeki araçlar sırasıyla:

- Odak gruplar
- Birebir röportajlar (telefon, yüz yüze, çevrimiçi)
- Müşteri tavsiye skoru anketleri
- Tarihsel veri analizi

Örnekler:

Birebir Röportajlar: Bunlar en yararlılarıdır. Dürüstçe verilen cevaplar programın nasıl algılandığını görmek açısından gerçekten çok yardımcıdır. Eğer pilot uygulama kullanıyorsanız bu negatif dönütlere sebebiyet verebilir fakat diğer yandan ana programı doğru bir şekilde çerçevelemenize[1] de yardımcı

[1] Daha fazla bilgi için kitaptaki "Program çerçevesi oluşturma" kısmına göz atın.

olabilir. "Bu durum yönetimin bizi denetlemesinin başka bir yolu mu?" gibi yorumlar özenle değerlendirilmelidir.

Odak Grupları: Bir grup oyuncuyu bir araya getirmek ortak ilgi alanları bulmalarına yardımcı olur. Örneğin, sosyal medya etki puanımız, yalnızca bloglar ve Twitter'dan değil, çok yönlü sosyal medya kanallarından gelen verilere dayanmalıdır. Aynı zamanda Instagram ve Facebook verilerini de içermelidir.

Müşteri Tavsiye Skoru Anketleri (NPS): Nicel bir puan kendi ilerlemenizi izlemek ve ölçmek için yararlı bir araç olabilir.

Program tasarımınızı lansmandan hemen sonra başlattığınızda alt çizgi ve daha sonra yapılan düzenli bir NPS anket puanı, programınızın popülaritesini sürdürüp sürdürmediğini görmenize yardımcı olacaktır.

Tarihsel Veri Analizi: Temsilcilerinizin her hafta yaptığı telefon görüşmelerini ve rezerve edilen satışların sayısını izleyerek genellikle zayıf satışların olduğu haftanın hemen öncesindeki arama oranlarının düştüğü haftayı bulabilirsiniz.

Eğer geniş bir kitle ile çalışıyorsanız, örneğin görevler arası gibi, oyuncularınızı farklı personalara bölme ihtiyacı duyabilirsiniz. Buna bağlı olarak oyuncuları yeni fikirleri ne kadar çabuk benimsediklerine ya da başarı, rekabet veya sosyalleşme gibi faktörlerle nasıl motive olduklarına göre ayırabilirsiniz.

"Ölçemezsen, yönetemezsin de."

Oyuncu Personaları

Oyuncularınızın personalarını detaylı bir şekilde analiz etmek, programı onların gözünden görebilmenizi sağlayarak program adaptasyonunu geliştirir. Oyuncu tiplerini modellemenin ve persona yaratmanın birçok yolu vardır. Hemen arka sayfadaki şekil, benim dikkate alınması gereken önemli sorular listemi gösteriyor:

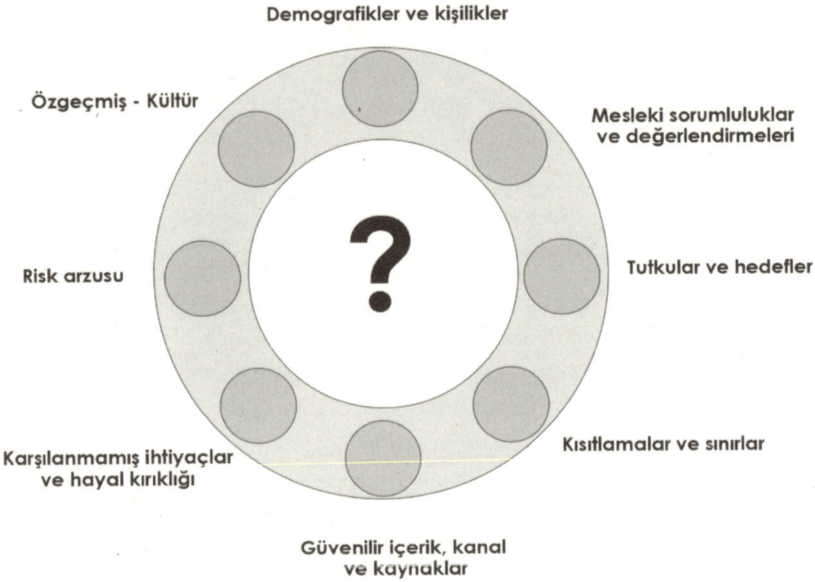

Eğer farklı personalarınız varsa şüphesiz bu sorular daha da karmaşıklaşacaktır çünkü programınız herkesi aynı şekilde motive etmeyecektir.

Sonsuz oyunlaştırma programı için geliştirilmiş bir oyuncu personası örneğine bakalım. Burada tek bir iş rolü var, o da satış temsilcisi:

Oyuncu personamızın ismi "Başaran Andrew".

<u>İş Sorumluluğu ve Değerlendirmesi</u>

Andrew, mevcut müşterilerden yeni iş taleplerini alan ve yeni müşterilerden gelen satış taleplerini karşılamaktan sorumlu bir iç satış temsilcisidir. Ve her çeyrekte hedefe göre satış geliri yüzdesi üzerinden değerlendirilmektedir.

Tutku ve Hedefler

Temel amaç hedeflenen kotaya karşı üstün performans göstermek ve yeni bir spor otomobil tutkusuna yansıyan normal maaş üstü bonus komisyonların kilidini açmak.

Kısıtlamalar ve Sınırlar

Andrew'ün, belirli bir ürün grubundan ve belirli bir coğrafi alanda arama yapan müşterilerden sorumlu olması.

Güvenilir İçerik Kanalları ve Kaynakları

"Satıcının Kutsal Kitabı" olan kurumiçi iletişim portalı, ürün açıklamalarının olduğu dış web sitesi ve aylık ekip toplantıları en önemli güvenilir içerik kaynaklarıdır. Ayrıca Andrew'ün işyerinde satış eğitimi podcast'lerini dinlemesi ve her gün trende gazete okuması.

Karşılanmayan İhtiyaçlar ve Hayal Kırıklıkları

Andrew, bazı kilit müşterilerle müşteri hesabını büyütebilecek üst düzey bir ilişkiye sahip değildir. Müşteri iş planlarının görünürlüğü yetersizdir.

Risk Arzusu

Andrew, yeni bir şeyler denemektense denenmiş ve test edilmiş satış tekniklerini tercih ederek düşük riskli bir yaklaşıma yönelmektedir.

Özgeçmiş ve Kültür

Bir iç satış temsilcisi olarak geleneksel rolü, proaktif bir şekilde müşteri ve yeni satış kanalları bulmaya çalışmaktan ziyade müşteri siparişlerini beklemektir.

Demografi ve Kişilik

Andrew tipik bir temsilcidir. Temsilcilerimiz genellikle 24-35 yaş arası tip A "başaran" kişiliklerdir. Genelde yaşıtlarını yenmek, tüm takımın başarısından daha önemlidir.

"İnsanlar içlerinde onları otonom kılacak,
Kendi kaderini tayin edebileceği ve
Birbirlerine bağlanabilecekleri
Doğuştan bir dürtüye sahiptir.
Ve ne zaman bu dürtü hür kılınsa,
İnsanlar daha fazla başarıya sahip olur ve daha zengin hayatlar yaşarlar."

Daniel H. Pink

Oyuncu Motivasyonu

Çoğumuz yüksek puan için çalışmanın kayda değer olduğuna inanmaya koşullanmışızdır.

Fakat sonsuz oyunlaştırma puan tasarımcıları olarak ilişkili ödülleri maliyet sırasına göre, önce en ucuzu ile başlayarak iletmeli ve yönetmeliyiz.

İçsel güdü

Bu genellikle tüm dürtülerin en iyisidir. Biraz daha açmak gerekirse kullanıcının puanını artırması için kişisel bir sebebi olmasıdır.

Statü [2]

Sosyal statü sahip olmaya değerdir, övünmeye hakkımız vardır ve akran hayranlığının sıcak ışıltısının tadını çıkarabiliriz.

Erişim

Yüksek puanlar, içeriklere ve deneyimlere özel erişim sağlamaya yardımcı olur.

Güç

Daha yüksek bir puan size diğer kullanıcılar üzerinde güç sağlayabilir.

[2] The SAPS model - Gabe Zichermann and Christopher Cunningham. Gamification by Design: Implementing Game Mechanics in Web and Mobile Apps. Sebastopol, CA: O'Reilly, 2011'den uyarlanmıştır.

Eşya

Birçoğumuz parlak nesnelerden hoşlanırız. Bir nesne ile güdüleme yapabilirsiniz ve eğer bu, ilgili etkinlikle alakalı bir şeyse daha da iyi olur.

Nakit

Nakit, son derece dışsal bir güdüdür ve çok sık kullanılır. Tabi burada çok dikkatli olmak gerekir, eğer nakit veriyorsanız insanlar sizin için çalışıyor demektir. Bu yüzden de iş kanunu ve vergi sözkonusu olabilir.

Örnekler

İçsel güdü

Kilo kaybetmek isteyen birisinin diyet ve egzersiz programında hevesli ve gönüllü olarak bulunması.

Statü

Forbes'in "30 Yaş Altı İlk 30" listesi gibi yıllık "En Etkili Kişiler" listesinde yer alan katılımcıların, listeye giremeyenlerden daha yüksek bir statüye sahip olabilmeleri.

Erişim

Bir yarışmada "after party" bileti veya kulise geçiş hakkı kazanılması.

Güç

Puanları daha fazla olan StackOverFlow kullanıcılarının diğer kullanıcıların çevrimiçi yanıtlarını düzenleyebilmesi.

Eşya

Bir sağlık sigortasının, akıllı telefon uygulamasını kullanarak aktif olduğunu gösteren üyelere haftalık bir kahve hediye etmesi.

Nakit

Beklenildiği gibi yapılan bir işin karşılığında maaş ödenmesi.

Oyuncu Tercih Spektrumu

Yalnızca seçebilmek satışı destekler. Herhangi bir yerde oyuncu olmak seçme hakkı ile tanımlanır.

Seçme stratejilerinin spektrumu:

Seçmek için kayıt olmak: Oyuncu tercih yapabilmek için önce katılım sağlamalıdır. İstediği zaman çıkış yapabilir.

Granüler tercih: Oyuncu, sadece belirli özellikleri tercih eder, örneğin kişisel bir puan almak gibi. Fakat herkese açık paylaşımı veya lig karşılaştırmasını devre dışı bırakabilir.

Çıkma hakkı: Oyuncu öntanımlı olarak kayıtlı gözükebilir fakat istediği zaman çıkabilir.

Zorunlu: Oyuncu çıkmayabilir. Bu, izlemenin rolle birlikte geldiği işyeri programlarında tipik bir olgudur. Satış temsilcilerinin satış performanslarının izlenmesini beklemeleri gibi.

Uzun vadeli bir başarı için zorunlu programları kullanmaktan kaçınmaya çalışın. Örneğin bir muhasebe şirketi olan PWC, birkaç yıldır tamamen tercihsel olan küresel sosyal medya puan tablolarını yönetiyor.

TASARIM

Sonsuz oyunlaştırma programında **puan tabloları** ve **ligler**, işin ciddi boyutu ve gerçeğin ta kendisidir. Oyuncular ilerlemeleri hakkında bu şekilde geribildirim alırlar.

Her oyuncu için bir puan tablosu tasarlamak, metrikleri dikkate almanızı gerektirir ki bu puan algoritmaları, metrikleri bir araya getirerek her oyuncuya nihai bir puan oluşturur.

Oyuncuların ilerlemelerini diğerleriyle nasıl karşılaştırdığını **lig tasarımı** belirler.

Vitrinsel ve İşlevsel Metrikler

Vitrinsel metrikler, diğer insanların sizi değerlendirirken kullandıkları metriklerdir.

İşlevsel metrikler, başarılı olmak için doğru şekilde almanız gereken operasyonel metriklerdir.

Puan tablosu vitrinsel metrikleri içerebilir ancak oyuncu genellikle sadece dolaylı olarak bunları etkileyebilir.

Diğer yandan, optimizasyon odağımızda olan işlevsel metrikler oyuncunun doğrudan etkileyebileceği metriklerdir.

Örnekler:

Vitrinsel metrik: Twitter'da sahip olduğun takipçi sayısı

İşlevsel metrik: Twitter'da paylaştığın bir bağlantının takipçilerin tarafından tıklanma yüzdesi

"Bırak konuşsunlar; şimdi yeni metriklerim var."

John Mark Comer

Ardıl ve Öncül Metrikler

Ardıl metrikler (çıktı ölçütleri): İş hedefi olaydan sonra gerçekleşen, genelde ölçmesi kolay fakat doğrudan etkilemenin zor olduğu metriklerdir.

Öncül metrikler (süreç ölçütleri): Sıklıkla etkileyebileceğimiz fakat ölçmesi zor olan, baştan gerçekleşen ölçütlerdir.

Ardıl göstergeler bazen "çıktı" ölçümleri olarak bilinirken öncül ölçümler "süreç" ölçümleri olarak da isimlendirilir.

Eğer şüphe duyarsanız yaprakları değil, meyveleri saymak genelde daha iyidir ki aslında size bunu yaptıran "yapraklar" değil, daha fazla istediğiniz "meyveler"dir.

Örnekler:

Çıktı metriği olarak Twitter takipçilerinizden bir bağlantıya tıklayanların yüzdesi alınırsa; günlük olarak okuduğunuz Twitter takipçilerinizin biyografi sayısı süreç metriğiniz olabilir. Bunun sebebi, takipçilerinizi ne kadar iyi tanırsanız, tıklamaları için yeterince ilgi çekici bağlantılar yayımlama olasılığınızın o kadar artmasıdır.

Başka bir örnek verelim. Kilo vermek aktif bir etkinlik değildir ama yemek yemek ve egzersiz birer aktif etkinliktir. O zaman, çıktı göstergeniz kilo kaybıdır; tüketilen kalori miktarı ve yapılan egzersiz süreç göstergeleridir.

Süreç ve çıktı göstergelerini parçaladığımızda, başarı yollarında umutla tırmananları ve (muhtemelen) başarısızlığa giden yollarda gezinenleri birlikte değerlendirebileceksiniz.

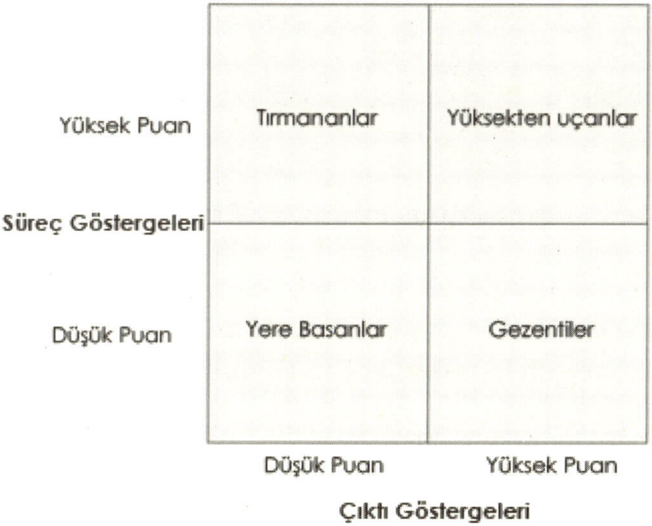

"Korelasyon (birbirine bağlılık) mutlak nedensellik anlamına gelmez."

Eylemsel ve Dönütsel Metrikler

Eylemsel[3] metrikler oyuncunun yaptıklarıdır.

Dönütsel[4] metrikler oyuncunun eyleminin doğrudan sonucunda ortaya çıkan metriklerdir.

İyi bir sonsuz oyunlaştırmanın içinde sıklıkla iki tip metrikten de olur (Ayrışmanın zaman içinde nasıl değiştiği hakkında bilgi için Metrik Olgunluğu bölümüne bakınız).

Örnekler:

Bir satış programı için:

Eylemsel metrik: Yapılan telefon görüşmelerinin sayısı, gönderilen elektronik postaların hacmi

Dönütsel metrik: Üye olan yeni müşteri sayısı, başarılı olan bir satış üzerinden ya da müşteriden alınan olumlu net tavsiye puanı

Olumlu ve Olumsuz Metrikler

Ya iyiyi önemsersiniz ya da kötüyü. İnsanlar genellikle olumlu durumları takip ederken olumsuzluklara göre daha motivedirler.

[3] "Görev güdümlü" olarak da bilinir.
[4] "Performans güdümlü" olarak da bilinir.

"Yapılmakta olan iyiliğe odaklandığımızda ortaya çıkan ve böylesi bir performansı teşvik eden bir sihir mevcuttur."[5]

Charles A. Coonradt

Örnek:

Çoğu inşaat alanı sağlık ve güvenlik istatistiklerinin takibinde "Yaralanma sayısı" yerine "Kazasız geçen geçen gün sayısı" ifadesini kullanmaktadır.

Metrik Önceliği

Yararlı olan tüm metrikler her zaman uygun değildir. Sadece neyi optimize etmeyi planladığınızı analiz ediniz.

Metriklere öncelik vermek, bir kerede yalnızca bir metrik türüne odaklanmamız gerektiği anlamına gelir. Bu metrikte uzmanlaştıktan sonra devam ederiz.

Örnek:

G.E.R.M. Modeli bir sosyal medya kanalını yönetirken faaliyetin gelişim aşamasına göre medya metriklerini önceliklendirmek için bir çerçeve sağlar:

G (Getting Going-Aktiflik/Güncellik): İçeriğimiz düzenli olarak sunuluyor/güncelleniyor mu (Örneğin, haftalık tweet sayısı)?

E (Engagement-Katılım): Hedef kitlemiz içeriğimize karşı ilgili mi (Örneğin, tweet başına yapılan ortalama retweet sayısı)?

5. Coonradt, Charles A, Lee Benson, and Inc Game of Work. 5 Scorekeeping for Success. Park City, Utah: Game of Work, Inc., 1998.

R (Reach-Menzil): Kitlemiz genişliyor mu (Örneğin, haftalık yeni takipçi sayısı)?

M (Monetisation-Para Kazanma): Kitlemizden para kazanıyor muyuz (Örneğin tahviller veya hasılat)?

Metrik Kategorisi

Metrikleri kategorilere ayırmak, bunları etkili bir şekilde yönetmenizi sağlar.

Örneğin, yazılım kullanıcı metriklerini seçerken, istediğiniz davranışlara yönlendirenleri seçmeniz gerekir:

- **Öğrenme:** Yeni davranış ve ilgili araçlar / süreçler (örneğin, gönderilen e-posta)
- **Benimseme:** Yeni öğrenilen davranış etrafında düzenli bir alışkanlık (örneğin, günlük gönderilen e-postalar)
- **Pekiştirme:** Mevcut bir davranışı koruma (örneğin e-posta yanıt oranı)
- **Performans Gösterme:** Hedef davranıştan ileri gelen gelişmiş çıktılar (örneğin, ayarlanmış satış toplantıları)

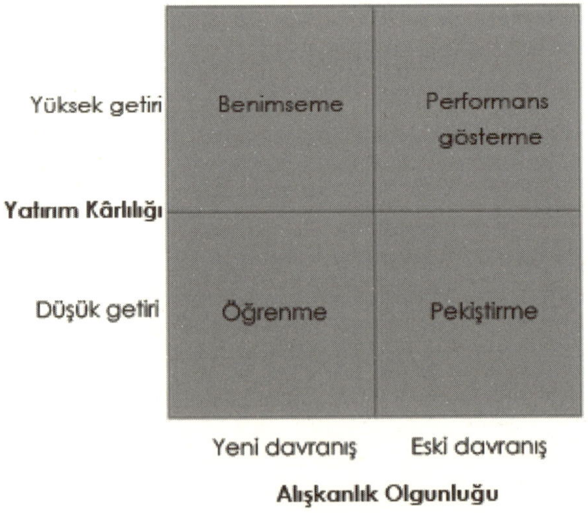

Çoğu oyuncu puanlarını optimize etmeye çalıştığı için, puanın çoğunu tahsis ettiğiniz yer, programa alacağınız geri dönüş seviyesini de belirleyecektir. Başka bir deyişle, performans metrikleri en fazla geri dönüşü sağlar. Bu, yeni gelenlere "bir yere ulaştıklarını" hissettirmek ve programın yeterince ilgi çekici hale getirilmesi için dengelenmelidir. Dolayısıyla, puanın bir kısmının öğrenme metriklerine tahsis edilme ihtiyacı vardır.

Puan Periyotları

Bir zaman dilimi içinde puanlar toplanır (ve sıfırlanır). Zaman dilimleri aşağıdaki şekillerde alınabilir:

- Tüm zamanlar
- Yıllık
- Mevsimlik
- Üç aylık
- Aylık
- Haftalık
- Günlük
- Saatlik

Örnekler:

- **Tüm zamanlar:** StackOverflow'da kazanılan puanların toplamı
- **Yıllık:** Bu vergi yılındaki gelir
- **Mevsimsel:** Arsenal F.C.'nin Premier Lig'deki puanı
- **Üç aylık:** South West Region'ın satış rakamları
- **Aylık:** Bu ay tescillenen yeni logo sayısı
- **Haftalık:** Bu haftanın önde gelen potansiyel müşteri bulucuları
- **Günlük:** Günlük hisse senedi piyasası (borsa) endeks değişimi
- **Saatlik:** Son saatteki etkin dakikalar

"Sayılması mümkün olan her şey önemli olmayabilir. Her önemli şey ise sayılamayabilir."

Albert Einstein

Puanlama Yöntemleri

Bir puanı derlerken, ham puan verilerini kullanarak hesaplamanız gerekir. Bir puana ulaşmak için çeşitli mekanikler vardır.

Bunlardan yaygın olan altısı şu şekildedir:

1. Toplam: 1, 3 = 4
2. Fark: 1, 3 = 2

3. En Sonuncu (Güncel): 1, 3 = 3

4. En Büyük (Max): 1, 3 = 3

5. En Küçük (Min): 1, 3 = 1

6. Ortalama: 1, 3 = 2

Bir puan algoritması, her bir metrik için bu puanlama yöntemlerinden birini kullanır. Bunlar daha sonra toplam puanı elde etmek için birleştirilir.

Örnekler:

- **Toplam:** Kazanılan sadakat puanlarının toplam sayısı
- **Fark:** Bu haftaki yeni YouTube takipçileri
- **En sonuncu (Güncel):** Şu anki kilon
- **En Büyük (Max):** 3 atış denemesinin en uzun mesafeye gideni
- **En Küçük (Min):** Üç denemenin en hızlısı
- **Ortalama:** Ekip üyelerinin her birinin ortalama satış hasılatı

"Umduğunuzu değil, gözden geçirdiğinizi elde edersiniz."

IBM maxim

Karşılaştırmak ya da Karşılaştırmamak

Bizler, sosyal varlıklar olarak her zaman karşılaştırırız. Şu anki kendimizle önceki halimizi; kim olduğumuzu düşündüğümüzü ve gerçekte kim olduğumuzu; komşumuzla, arkadaşlarımızla ve televizyondaki ünlülere karşılaştırırız. Karanlık bir mağarada yaşamadığımız sürece, karşılaştırma hayatın bir gerçeğidir.

Sonsuz oyunlaştırma tasarımcıları olarak bizim işimiz karşılaştırmayı tamamen silmek değil -ki bu mümkün değil- içerik için en sağlıklı karşılaştırma şekline yönlendirmektir.

Örneğin, iyi bir spor koçu oyuncularını rakiplerinden daha iyi olmak yerine "kişisel olarak olabileceklerinin en iyisi olmaya" teşvik edecektir.

Programımızı oluşturduğumuzda, olası her karşılaştırma biçimini göstermek zorunda değiliz. Önemli olanlarla sınırlandırabilir ve olumlu, teşvik edici, sürekli katılımı sağlayabiliriz. Örnek olarak kullanıcılar sadece alt ve üstteki oyuncularla kendilerini karşılaştırabilir.

Karşılaştırma Seçenekleri

Puanlar sözkonusu olduğunda kullanıcılara karşılaştırma yapmaları için sunulan 5 ana yol vardır.

- **Bireye karşı hedef:** Örneğin, bu hafta hedefin %100'üne ulaşılması
- **Bireye karşı zaman:** Örneğin, haftadan haftaya kendine karşı gelişim gösterilmesi

- **Bireye karşı birey:** Akranlarının puanlarına dayanarak kendi puanının gösterilmesi
- **Gruba karşı zaman:** Zaman içinde, örneğin belirlenmiş bir hedefe ulaştığında grup performansına katkıda bulunduğunda skorun gösterilmesi
- **Gruba karşı grup:** Diğer gruplarla yarış halindeyken kendi grubunun performansına katkıda bulunduğunda puanın gösterilmesi

"Bu sadece nasıl performans gösterdiğin değil, nasıl karşılaştırdığındır."

Charles A. Coonradt

Lig Çeşitleri

Bireyleri veya takımları karşılaştırırken yarışma ligi yapmanın farklı yolları vardır.

- **Liderlik Tablosu:** Oyuncular en iyi kişisel puanı almaya çalışırlar ve sonrasında diğerleriyle karşılaştırılırlar.
- **Nakavt:** Finalde kazananın belirlenmesine kadar her turda kaybedenlerin elendiği, oyuncuların birbirleriyle oynadıkları durumdur.
- **Basamak:** Oyuncular kısa süreli meydan okumalarla yarışırlar ve kazanan kaybedenlerin yerini alır.
- **Rövanşlı Maç/Torba Ligleri:** Her oyuncu torbadaki diğer oyuncular ile bireysel maç yapar.

"Karşılaştırma zevkin hırsızıdır."

Theodore Roosevelt

Sıralama Yöntemleri

Ligler içinde sıralama oluşturmanın farklı yöntemleri vardır.

Toplam

Tüm metriklerin toplamı, toplam puanı verir.

Göreceli

Her oyuncu, her metriğe göre sıralanır ve sıralamasına göre, o metrik için mevcut olan puanların belirli bir yüzdesini alır. Örneğin, birinci olan oyuncu o metrikteki mevcut puanın %100'ünü alır.

Sıralama Puanı

Her oyuncu sıralamasına göre bir puan alır. Örneğin, birinci olan 1 puan, ikinci olan 2 puan gibi. Bu birçok CrossFit liginde kullanılmıştır.

Dizisel (Sıralı)

İlk metrik önceliklidir. İkinci metrik yalnızca iki oyuncu ilk metrikte aynı puana sahipse kullanılır, ikinciler aynıysa üçüncüye bakılır ve bu böyle devam eder.

Örnekler:

- **Toplam:** Futbol ligleri
- **Göreceli:** Birleşmiş Milletler Kalkınma Programı İnsani Gelişmişlik Endeksi
- **Sıralama Puanı:** CrossFit ligleri
- **Dizisel (Sıralı):** Olimpiyat madalya tabloları

Yaygın Güçlükler

Katılımı azaltan veya istenmeyen davranışlara yönlendiren tasarım güçlüklerine dikkat edin.

Katılım azaltıcılar

- **Aşırı karmaşıklık:** Çoğu program basit başlar.
- **Alakasız güdüleyiciler:** Katılma nedenleri yeterince güçlü değildir.
- **Puana boğmak:** Çok fazla puan olduğunda etkisini kaybeder.
- **Manipülasyon:** Sadece puan almak için aktiviteyi yapmaya zorlanır.
- **Aldatıcılık:** Hâlâ zor olan bir iş için eğlenceli gibi davranmak.
- **Sadece rekabetçi insanlar:** Herkes kazanmak istemez.
- **Gizlilik endişelerine kayıtsızlık:** Herkes görünmek istemez.
- **İlk hamleyi yapanın haksız avantajı:** Geç gelenler asla yetişemez.
- **Kural dokümanının olmaması:** Oyuncular nasıl puanlanacakları hakkında açıklık isterler.

İstenmeyen davranışlar

- **Şevki kırılmış kesimler:** Temel ve düşük oyuncular kazanamayacaklarını hissederler.
- **Bin bir türlü hile:** Hilelere karşı yetersiz yaptırım.
- **Aşırı Çaba:** İyi bir şeyden çok fazla olması.
- **Ahlaki sürüklenme-uzaklaşma:** Anda kalma (akışa kapılma), oyuncuların dış kuralları ihlal ettiği anlamına gelir.

- **Küçümseme:** İzlenmeyen etkinlik artık anlamsız görünür.
- **Dışlanmış kanal:** Puanlanmamış aktiviteler tamamen kaldırılır.
- **Bağımlılık:** Oyunu çok fazla oynamak size zarar verir.
- **Aşırı ödül odaklılık:** Azaltılan ya da küçültülen ödüller daha önce iç motivasyonlu olan faaliyetlerin motivasyonunu bozar.
- **Yarışmacılar:** Yalnızca ödül için olan aktiviteler.

Geç Gelenleri İlerletme

Herhangi bir puan tablosuna geç gelenler, sonsuz oyunlaştırma programında bir tasarım problemi oluştururlar. Bunlar sıfır puanla başlayıp diğerlerine yetişmek zorundalar mı?

Peki, yetişmek imkânsızsa ne olacak? Bu durum katılımı caydırıcı kılabilir. Herkes aynı anda puanlamaya başlamaz.

"Geç kalanları ilerletmek" için önerilen tasarım çözümleri şöyledir:

1. **Grup dağıtımı:** Yeni gelenleri, hepsinin eşit başarılı olma şansı ve zamanı olan gruplarda bir araya getirin.
2. **Puan sıfırlama:** Herkesin periyodik olarak puanlarını sıfırlayın, örneğin her hafta herkes tekrar sıfır puandan başlasın.
3. **Yakalama basamakları:** Geç katılanlara lider puanlarını yakalamaları için özel bonuslar sunabilirsiniz.
4. **Klasman:** Sadece aynı kademedeki oyuncuları birbirleriyle karşılaştırmak için puanları farklı klasmanlara ayırarak yapılandırın.

Oyun Karşıtı Mekanikler

Herhangi bir uzun vadeli programda, oyuncuların sistemi anlamaları ve "oynamaları" için bir zaman vardır. Bu genellikle oyuncuların en basit yoldan kazanmayı buldukları zamandır.

Tasarım yaparken istenmeyen oyuncu davranışlarını önlemeniz gerekir. İşte tasarıma yerleştirebileceğiniz 12 karşıt mekanik:

1. **Opak skorlar:** Puanlama sisteminin tüm detaylarını gizlemek
2. **Metrik zirveleri:** Sınırsız puan kazanmak için kapasiteyi kısıtlamak
3. **Yaptırım (Ceza) puanları:** Kötü davranışlar için puan kesmek
4. **Karşılıklılık (mütekabiliyet):** Aktiviteyi değil yanıtı (tepkiyi) ödüllendirmek
5. **Davranış ilkelerini uygulama:** Oyun içerisinde net, yasal kontroller belirlemek
6. **Finansal ödülleri kaldırma:** Ödül kazanmayı yegâne amaç haline getirmemek
7. **Akran şeffaflığı:** Oyuncuların diğer oyuncuların puanlarını kontrol etmesine izin vermek
8. **Göreceli sıralama yöntemi:** En yüksek puan için her metrikten etkinlik gerekliliği
9. **İçsel ödüle odaklanma:** Esas faydanın oyun olmaması
10. **Akışta kalma:** İlk heyecan geçtikten sonra, oyuncuların dağılma ihtimallerinin önüne geçip programa devam etmek
11. **Puan oranlarını kullanma:** İki veya daha fazla metrik boyunca davranış dengesini korumak

12. **Metrik ayarlamaları:** Puan dağılımı doğru olana kadar kuralları değiştirmek

Daha oturmuş programların, oyuncu güvenini kaybetme korkusundan ötürü bunu önceden belirtmesi gerekecektir. Örneğin, Google, web sitelerine, arama motoru sıralama algoritması değişikliklerini önceden bildirir.

"Oyuncuyu değil oyunu suçlayın."

Dağıtım Araçları

Araç seçiminiz hedef kitlenize göre değişiklik gösterecektir. Seçtiğiniz araç, programınızın algılanma şeklini etkileyecektir.

Değerlendirebileceğiniz araçlardan bazıları:

- Elektronik posta
- Web sitesi
- Mobil uygulama
- Bildirim gönderme
- Kısa mesaj
- Geniş ekran televizyon
- Bağlantılı televizyon (evde)
- Akıllı hoparlör (Alexa, Google Ev vb.)
- İş panosu (Geckoboard, Cyfe)

- Twitter (@cevap, doğrudan mesaj)
- Sosyal medya yayını (Facebook, Yammer, LinkedIn vb.)
- Puanlamayı tutan web siteleri (Ranker, Listly, Tribalist, Rise. Global vb.)
- Anlık mesajlaşma (WhatsApp, Slack vb.)
- Çıktı (örneğin bir mektup postalama)
- Halka / Spiral dosyalar
- Devasa infografikler
- Televizyon ya da radyo haber bültenleri
- Artırılmış gerçeklik
- Sanal gerçeklik

"Araç mesajdır."

Marshall McLuhan

Program Çerçevesi Oluşturma

Sonsuz bir oyun programı yalnız başına oturmaz, oyuncularınızla iletişim kurduğunuzda daha geniş bir anlatıma oturur.

Puanlamanın çerçevesini oluşturmak demek, onun ne olduğunu, faydalarını ve oyuncuların yaşamlarına nasıl uyum sağlamasını beklediğinizi açıklamak demektir. En iyi çerçeveleme, yeni bir yere gitmek yerine halihazırda olup bitenlerin bir uzantısı gibi hissetmektir. Bu nedenle, farklı bir metafor uygulamaya çalışmak yerine mevcut dili kullanın ve genişletin. Mesela var olan popüler bir oyunun dilini kullanın. "Anahtar Güvenlik Noktaları" yerine "Epik Ejder Postu" tanımını kullanmak gibi.

Çerçeve oluşturmanın en önemli hususları şunlardır:

- **Program adı:** Örneğin, Satış Kalite Programı
- **Puan adı:** Toplam puanların nasıl tanımlandığı. Örneğin, Temsilci Kalite Puanı
- **Lig adı (eğer lig varsa):** Örneğin, Bu Hafta Kalite Testinde Çıkış Yapan Temsilciler
- **Oyuncu Adı:** İç satış temsilcileri

Puanlama Adı

Puanlamanızı nasıl adlandırırsınız?

İşte size yararlı kelimelerin bulunduğu bir kontrol listesi:

- Endeks
- Toplam

- Skor
- Puanlar

Aradığınız davranışı özetleyen kelimelerle birleştirmeyi deneyin:

- Guru Endeksi
- Güç Puanı
- Deneyim Puanları
- Toplam Hasılat

Spordan da kelime ödünç alabilirsiniz (örneğin yarış). Ancak, puanlama kurallarını ve terminolojisini karıştırmamaya dikkat edin çünkü oyuncularınızın kafasını karıştırabilirsiniz.

Oyuncu Adı

Puan tablosundaki oyuncularınıza nasıl hitap edersiniz? Cesaret verici bir sıfatla onları harekete geçirin. O sıfatın hakkını verirler!

- Kullanıcılar
- Yıldızlar
- Efsaneler
- Becerikliler
- Oyuncular
- Şampiyonlar
- Ensesi kalınlar
- VIP'ler
- Liderler

- Süperstarlar
- Gurular
- Alfalar
- Öncüler
- Müdafiler
- Yıldız Oyuncular
- Kodamanlar
- Ninjalar
- Rockstarlar
- Fenomenler
- İlham Verenler

Lig Adı

Yarışmanıza ne isim vermek istersiniz?

- Satış Mücadelesi
- Prömiyer Lig
- Başkanın Kulübü
- %100 Kulüp
- Top 100
- En güçlü 100
- Şampiyona
- Liderlik Tablosu
- Turnuva
- Sıralama
- Çekişme
- Lig
- Meydan Okuma
- Derbi
- Death Pool (kimin ne zaman öleceğine dair tahminlerde bulunulan bir oyun)
- Kupa
- Av
- Klasik
- Serbest
- Puan Tablosu

"Şu gülün adı değişse bile

Kokmaz mı aynı güzellikte..."

William Shakespeare

Farklı Puan Biçimleri

Puanlar ondalıklı ve ondalıksız olarak farklı şekil ve boyutlarda olabilir.

Dikkat edilmesi gereken puan biçimleri şöyledir:

- Sayı
- Zaman
- Yüzde
- Döviz
- Not
- Çeyrek
- Emoji (mutludan üzgüne)
- Uzaklık (örneğin metre)
- Trafik Işıkları
- İlerleme Çubuğu
- Renk Kodları [6]

Ayrıca başarılı ve başarısız olarak ikili puan formatı da opsiyonel olarak mevcuttur.

- Kutu İşaretleme
- Rozet
- Sertifika
- Üyelik

[6] Listemizi tamamlamak için buraya eklenmiş olsa da normalde oyunlaştırma tasarımcılarına programlarında renkleri bir skor göstergesi ya da hiçbir zaman tek göstergeleri olarak kullanmamalarını tavsiye ediyorum. Çünkü renklerin anlamları kültürlere bağlı olarak değişebilir ve kitlenizin bir kısmında renk körlüğü olabilir.

Liderlik Tablosu Düzeni

Liderlik tablonuzun görselini hazırlarken öncelikle bilgi hiyerarşisini (veri piramidini) doğru yapmanız önemlidir.

Hadi satışlarımızı güçlendirelim! *(Program Adı)*

17. Hafta (12 – 19 Nisan) *(Puanlama Dönemi)*

Takım [North West ▼] *(Lider tablosu Adı)*

Sıralama	Oyuncu	Çağrılar	Inmailler*	Epostalar	SatışPuanı
1. ▲ (3)	Jane Smith	12	4	18	**34**
2. ▼ (1)	John Doe	3	3	20	**26**
3. ▼ (2)	Jane Doe	16	2	7	**25**
4. ▶ (4)	John Smith	9	1	5	**15**

Sıralamadaki değişim

Önceki sıralamadaki yer

Baz metrikler

Koyulaştırılarak vurgulanan toplam puan

Sütunları sıralarken şeytana uymadığınızdan emin olun. Liderlik tablosunun özü; oyuncuları, insanların odaklanmasını istediğiniz sırayla listelemesidir. Örneğin, e-posta sayısına göre sıralamaya izin vermek; dikkati, sıralamanın oyunculara getirdiği statü ödülünden başka yere çeker.

* InMail, premium üyeler ve ortak üyeler arasındaki iletişimi kolaylaştıran LinkedIn ağına entegre bir dahili e-posta sistemidir.

Puan Tablosu Düzeni

Performansı optimize etmek için, oyuncuların puanlarını inceleyebilmeleri ve baz alınan metriklerde nasıl performans gösterdiklerini görebilmeleri gerekir. Zaman içinde her metrikteki sonuçlarını karşılaştırmak isterler.

Hadi satışlarımızı güçlendirelim!

John Smith'in Puan Tablosu

	17. Hafta (12-19 Nisan) *(Mevcut Puan Dönemi)*	16. Hafta (5-12 Nisan) *(Önceki Puan Dönemi)*
Çağrılar	9 ▼	11
Inmailler	1 ▲	0
Epostalar	5 ▲	3
SatışPuanı	**15** ▲	14
Ekip içi sıralaması	4. ▶	4.

İyi bir puan tablosunun anahtar özelliği puanın en başta gelmesidir. Geriye kalanlardan; liderlik tablosu sıralaması, takım performansı, kazanılan rozetler ve kişisel en iyiler hep puandan türemiştir ve dolayısıyla puandan sonra gösterilmelidir.

Rozet Tasarımı

Rozetler, birden fazla kez kazanılabildikleri sürece sonsuz oyunlaştırmada kullanılabilir, ancak bu, değerlerini de azaltabilir.

"Maçın oyuncusu" ya da "Ayın satış temsilcisi" örnek olarak verilebilir.

Aşağıda tasarımınızda kullanabileceğiniz bazı unsurlar verilmiştir:

Görsel Unsurlar	Anons Unsurları
Kenarlık(Çerçeve)	Ödüllendiren Kurum
Flama	Zaman Aralığı
İkon	Ödül Tarihi
Tipografi	Başarılar
Renk	Seviye
Dekorasyon	Kategori
Değerlendirme Yıldızları	Nitelik (örneğin, coğrafi kesim, demografi – cinsiyet-yaş)

GELİŞİM

Sonsuz oyunlaştırma programları çalışmaya başladıkları andan itibaren zaman içerisinde değişir. Başarılı olan programların bu değişimi yönetebilecek mevcut süreçleri vardır.

Gelişim olmaz ise programlar katılaşabilir, kaskatı bir hale gelir ve sonunda kırılır. Tabi istenmeyen yan etkiler ve kopuşlar da meydana gelir.

Olgunlaşma Modeli

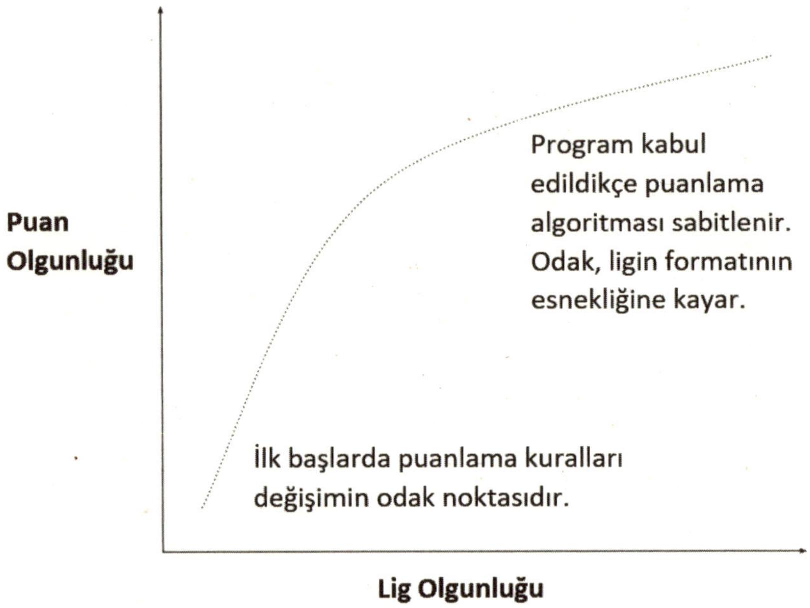

Herhangi bir puan çizelgesinin ilk adımında "oyunun kuralları" yani, puanların hesaplanma biçimi çok fazla değişiklik ve onarım gerektirir.

İlerleyen zamanlarda lig yapısı, bireylerin ve takımların diğerlerine karşı mukayesesinin nasıl yapıldığının yanı sıra yenileme ve modifikasyon ile değişir.

Son olarak puan çizelgesi ve lig, "Puanları burada tutuyoruz" ve "ligimizi yönetme tarzımız şöyledir" diyebileceğimiz şekilde yerlerine oturur.

Metrik Olgunluğu

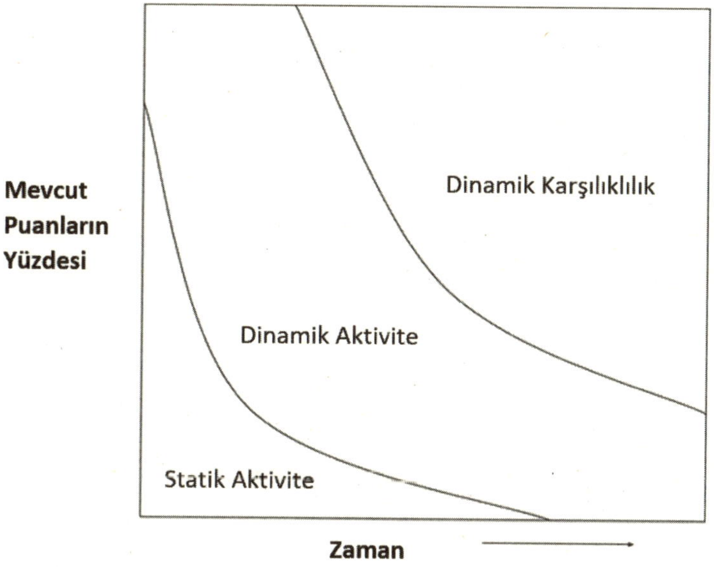

Metriklerin herhangi bir puan algoritmasında hesaplanış biçimi zaman içerisinde değişiklik gösterebilir.

Başlarda, puanların büyük kısmı durağan (static) aktiviteler içindir. Yani yeni bir yazılım yüklemek, işe alım sürecine ya da bir eğitim kursuna katılmak gibi. Bu, bir kerelik başarılar içindir.

Ortalarda puanların büyük bir kısmı dinamik aktiviteler içindir. Bunlar, haftalık veya aylık yapılması gereken düzenli süreçlerdir. Blog yazısı yazmak ya da satış bağlantıları eklemek gibi.

Son aşamada ise puanın çoğu dinamik karşılıklılık içindir. Düzenli aktivitelerdir fakat bunlar aktivitenin sonucunda başkalarının yaptıklarından ortaya çıkar. Blog yazısına yorumlar almak veya müşteri satın alımı gibi.

Program ilerledikçe zaman içinde tanıtılacak metriklerin bir yol haritasını oluşturarak bunu önceden planlayabilirsiniz.

"Ölçü hedef haline geldiğinde artık iyi bir ölçü olmaktan çıkar."

Goodhart's Law

Oyuncunun Olgunluğu

Oyuncular puanlanmaya farklı şekillerde tepki verir. Nasıl tepki verdikleri puan tablosundaki olgunluklarını yansıtır.

Bebek	Puanı olduğu gibi kabul eder.
Çocuk	Puanı tartışmasız reddeder.
Ergen	Puan tablosuna karşı oynar.
Yetişkin	**Puanı gelişimi izlemek için kullanır ve etkinliğin performansını artırır.**
Yaşlı	Puan algoritmasına meydan okur.
Emekli	Puanı bırakır.

Puanı anlamadan, kayıtsız reddeden çocuğun davranışı ile ona zıt olan ve puanı bırakan emekli bireyin (çünkü artık ikisinin de puana ihtiyacı yoktur) davranışı arasındaki farkı anlamak mühimdir. Çocuklar, yaşlıların bilgeliğine sahip olduklarını düşünebilirler ama gerçek hayatta bu nadiren doğrudur!

Komite

Ne olursa olsun (puanlama komitesi, yönetim komitesi, kabine, troika, diktatörlük) yineleme, genellikle rekabet eden çıkarların dengesidir.

Puanlama komitesi olarak belirli aralıklarla toplanmak, puan algoritmasının ve lig yapısının etkisinin ve program geribildirimlerine göre tavsiye edilen değişikliklerin değerlendirilmesine olanak sağlar.

"Bu komitemizin meselesidir! Biz komiteyiz!"

Ateş Arabaları

Rugby Birliğinin puanlama sistemi son 130 yılda birkaç kez değişti. 1886'da "try" sayısı 1, "conversion" sayısı 2 puan iken şimdi ise "try" sayısı 5, "conversion" sayısı 2 puandır. Neredeyse tam tersi!

SONSÖZ

Bu kitapta;

- Sonsuz oyunlaştırmaya **giriş**,
- Programınız için ortamı ve talepleri nasıl **analiz** edeceğiniz,
- Doğru davranışlara yönlendirecek programı nasıl **tasarlayacağınız**,
- Sürdürülebilir güncellik ve yararlılık için zaman içerisinde programınızı nasıl **geliştireceğiniz**,

konuları üzerinde durulmuştur.

Geriye kalan tek şey bunları uygulamaya koymaktır. Neler ortaya çıkaracağınızı duymak için çok heyecanlıyım.

Bu kitabın size ve kuruluşunuza nasıl yardımcı olduğuna dair ekran görüntüleriniz veya deneyimleriniz varsa lütfen paylaşın, duymaktan mutluluk duyarım. #infinitegamification etiketi ile online paylaşım yapabilirsiniz. Twitter ve diğer sosyal medya araçlarında kullanıcı adım @tobyberesford.

Eğer projenizle ilgili olarak özel sorularınız ve bir uzman görüşüne ihtiyacınız varsa, sorularınızı cevaplayacak oyunlaştırma gurularının Quora ve diğer sosyal medya platformlarındaki "Oyunlaştırma (Gamification)" başlıklı forumlarına yazabilirsiniz.

Eğer puan tablolarınızı, liglerinizi göstereceğiniz ve oyuncularınıza bildirim göndereceğiniz bir yazılım çözümü arıyorsanız lütfen benim puan kütüphanesi platformum olan Rise'ın internet bağlantısını www.rise.global ziyaret ediniz.

İlave Metinler

Burada toplanan her şey, ister kitaplarda, toplantılarda, konferanslarda, ister e-postalarda veya sosyal medya yayınlarında olsun, başkalarının çalışmalarına şükran borçludur.

Aşağıdaki kitaplar ve yazarlar sonsuz oyunlaştırma yolculuğum için değerli rehberlerdi, bu yüzden onları burada sizin için de listeliyorum:

Coonradt, Charles A. Game of Work: How to Enjoy Work as Much as Play. Gibbs Smith Publisher, 2012.

Coonradt, Charles A, Lee Benson and Inc Game of Work. Scorekeeping for Success. Park City, Utah: Game of Work, Inc., 1998.

Burke, Brian. Gamify: How Gamification Motivates People to Do Extraordinary Things. Brookline, MA: Bibliomotion, books + media, 2014.

Pink, Daniel H. Drive: The Surprising Truth about What Motivates Us. Paperback ed. Edinburgh: Canongate, 2011.

Zichermann, Gabe and Christopher Cunningham. Gamification by Design: Implementing Game Mechanics in Web and Mobile Apps. Sebastopol, CA: O'Reilly, 2011.

İlave Kaynaklar

Video ve indirmelerin de olduğu ek kaynaklara aşağıdaki bağlantıdan ulaşabilirsiniz:

www.infinitegamification.com

Infinite Gamification Canvas - Sonsuz Oyunlaştırma Modeli:

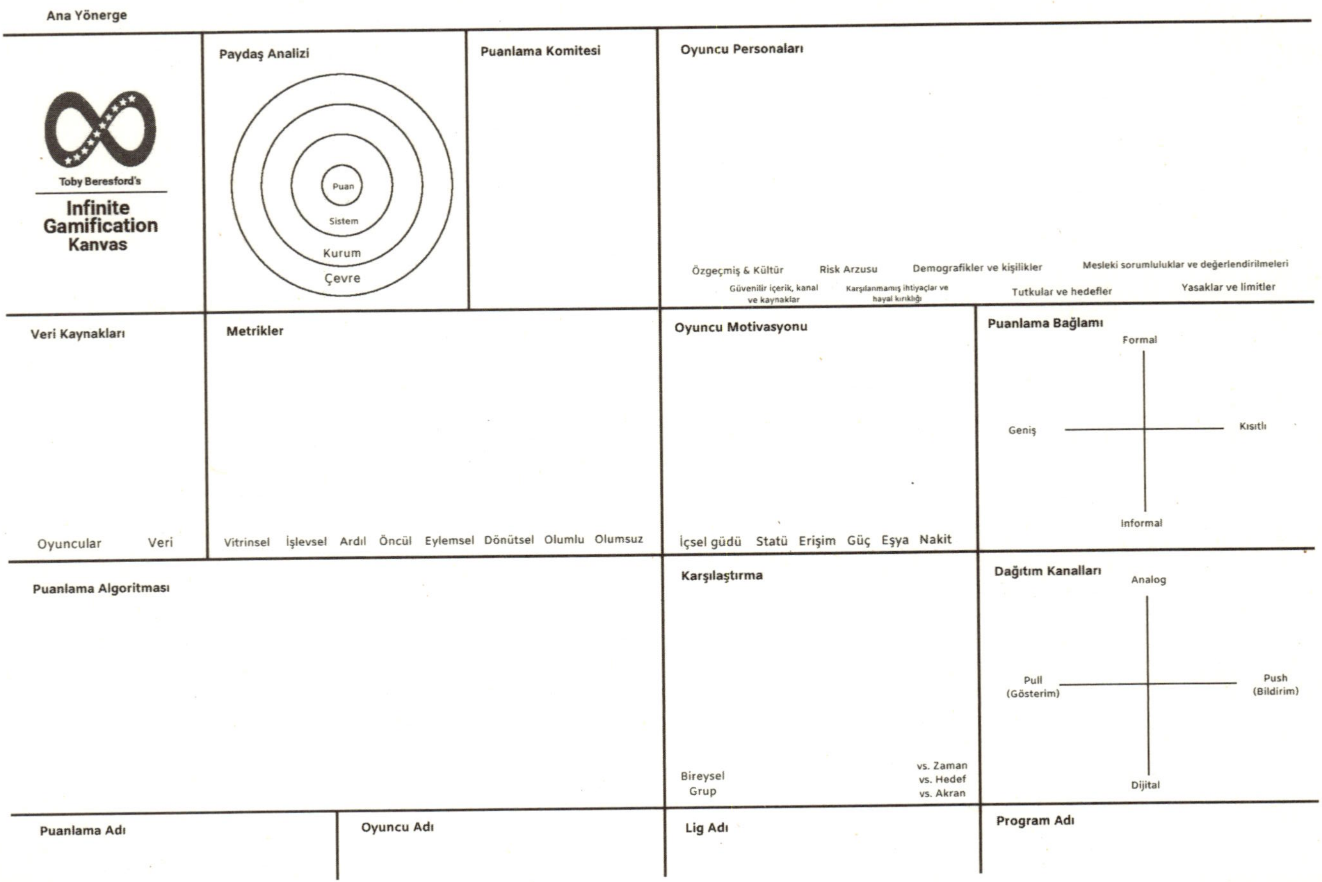

elma

İŞ VE YÖNETİM SERİSİ

DİKKAT VÜCUDUNUZ KONUŞUYOR Ahmet Şerif İzgören
İŞ YAŞAMINDA 100 KANGURU Ahmet Şerif İzgören
FİNANSÇI OLMAYANLAR İÇİN FİNANS Dr. Hakan Özerol
BÜTÜN PAZARLAMACILAR YALANCIDIR Seth Godin
BİR İNSAN KAYNAKLARI MASALI Özden Aslan
PİYASALARI OKUMAK Dr. Hakan Özerol
MOKS Ahmet Şerif İzgören
İŞTE MÜLAKAT Mehmet Erkan & Oğuz Erdoğan
EKONOMİK KRİZİ BEKLERKEN Hakan Özerol
KÖFTE ÜSTÜ KREM ŞANTİ Seth Godin
MARKADAN PATENTE Zekeriya Baştürk
POZİTİF YÖNETİM İdil Türkmenoğlu
10 ADIMDA KİŞİSEL İMAJ Suna Kabadayı
KOÇLUK VE 4. BOYUT Çağlar Çabuk
İŞTE ZOR İNSANLAR Özden Aslan
SAÇMALAMA Dr. Hakan Özerol
EMSALSİZ Bora Özkent
EYVAH! İŞ GÖRÜŞMESİ Hakan Yaman & Ahmet Şerif İzgören
TAKIM ÇALIŞMASI Ahmet Şerif İzgören
İŞİMİZ GÜCÜMÜZ OYUN Mehpare Şayan Kileci
PROFESYONEL OL Eric Worre
EYVAH, YÖNETİCİ OLDUM! Özden Aslan
İYİ Kİ FARKLIYIZ Özden Aslan
ZOR İNSANLARLA ZORLANMADAN BAŞ ETMEK Özden Aslan
ADIM ADIM İNOVASYON Bora Özkent
"SU"DAN "COLA"YA Faik Byrns
"İŞ"TE Y KUŞAĞI İnan Acılıoğlu
GİRİŞİMCİLİK ÖYKÜLERİ ODTÜ Genç Girişimciler Topluluğu
YETER Kİ ONURSUZ OLMASIN İŞ Mehpare Şayan Kileci
FİNANSAL ANALİZ VE KREDİ İŞLEMLERİ Figen Karademir
SATIŞIN ŞİFRELERİ Barış Kılıçarslan
YETENEK KÂŞİFİ Ozan Dağdeviren
GELECEĞİ YÖNETMEK Ahmet Şerif İzgören
PARDON "KURUMSALLAŞMALI" MI DEDİNİZ? S. Soner Selçuklu

SUNUM SAHNENİZİN YÖNETMENİ OLMAK İSTER MİSİNİZ? Veysel Sami Berikan
HER SATIŞÇI BİR TERAPİSTTİR Ali Turan Barniç
19 NÜANS İnan Acılıoğlu
İNOVASYON MANİFESTOSU Bora Özkent
TORPİL DEĞİL NETWORKING Işıl Taysever, İdil Türkmenoğlu
DUYGUSAL SERMAYE Mehmet Semih Söylemez
KURUMSAL İÇ İLETİŞİM İdil Türkmenoğlu
EGOYA HAYIR Cy Wakeman
BAŞARININ BİLİNEN SIRLARI Faik Byrns
GİRİŞİMCİLİK HAYATTIR Mehmet Şöhrap Sanlı
ÇARIKLI İNOVASYON Can Papuççuoğlu
İŞE YENİDEN BAŞLAMAK Özden Aslan
GLOBAL PİYASALARI OKUMAK Dr. Hakan Özerol
BEYAZ YAKALI'NIN DİJİTAL YAKALI'YA DÖNÜŞÜMÜ İnan Acılıoğlu-Nisa Nur Kaya

"İŞ"TE YAŞAM SERİSİ

VE HAYATA YUVARLANDIM Ataman Özbay
BİRLİKTE BAŞARMAK Mehmet Semih Söylemez
HAYALLERİM, PRENSİPLERİM VE YAŞADIKLARIM Yılmaz Öztaşkın
CEVAPLAR ŞİRKETİNİÇİNDE Feyyaz Ünal
IŞIĞA DOĞRU CEYHAN SALDANLI Hayrettin Üçüncü-Leyla Saral